JN418670

오름 시인선·7

빈 하늘이 푸르다

오름시인선 · 7

빈 하늘이 푸르다

펴낸날 _ 2011년 7월 1일

지은이 _ 구상회

펴낸곳 _ 기획출판 오름

등록번호 _ 동구 제 364-1999-000006호

등록일자 _ 1999년 2월 25일

주소 _ 대전광역시 동구 삼성1동 122-2

전화 _ 042.637.1486

팩스 _ 042.637.1288

E-mail _ orumplus@hanmail.net

ISBN _ 89-90151-54-4

값 8,000원

빈 하늘이 푸르다

| 구상회 시집 |

시인의 말

사람은 어쩌면 나뭇잎과 같은 것.
봄이면 눈이 터 꽃피고, 여름은 짙푸른 생기로 무성하되
가을이면 지난 계절 익혀온 제 꿈을 형형색색 품어내다
겨울엔 제 목숨의 고향인 흙으로 돌아가지 않는가.

그렇게 계절이 지나가듯
인생도 이 세상을 스쳐 지나가는 것.
그것은 곧 자연 속 봄날의 눈터나던 생기와
여름 한철 무성하던 그 활기는 어느덧 지나가고,
내 아쉬운 추억만 울긋불긋 품어내듯 거기
꿈의 껍데기로 남아 새겨놓지 않았던가.

이제 내 앞으로는

오솔길만 선 발치에 닿아 있으니

지난날의 회한에 목이 메어 흐느끼듯 바람에 서걱서걱,

그립고 아쉬움만 가슴 속 밀물로 밀려오는 자리에

어찌할 수 없는 내 일상의 빛과 그늘 속에

내 삶의 애환이 되풀이될지언정 그래도

나는 거기 내 꿈을 꿀 것이다.

2011년 초여름에

구상회

■ 차례

제1부

숲속에 묻힌 길

제2부

속가슴 열기

제3부

허공에 던진 돌

제4부

허울로 스쳐가기

제1부

숲속에 묻힌 길

숨 쉬는 꽃

계절 따라 피어난
산야의 꽃들을 보아라
저 꽃들이 웃는 눈매를 보아라
따스한 가슴을 대 보아라

저기 꽃 이름이 무엇이든
크고 작은 꽃송이 송이마다
가슴에 일렁이는 열기로야
어느 뉘 사랑에 견주리오

계절의 햇빛 머리
시의 씨앗들이 제 바람에
제 나름의 모양새를 뽐내면서
온 산야에 피어남을 보아라

그 가슴에 풍기는 향기와
그 눈매에 어린 시의 서기를
더 가까이 몸 부쳐 보아라
숨 쉬는 빛 웃음을 보아라.

밤에사 뜨는 눈

언제나 밤이 되면
흔적없이 밀려온 어둠에
시 공간이 함께 뭉개져
무엇을 가늠하랴

내 머리도 가슴도
님의 고운 모습까지도
분간할 수 없는 밤에서야
제 차비를 차리고

비로소 저 별들은
제 눈을 반짝이며
누군가를 마냥 그리면서
이 밤을 지새운다.

새 아침을 열며

부옇게 끼어든 안개
온 마을을 휘몰아 덮치다가
한참 동안 헤매다가
유리창에 엉겨 붙나 싶더니
오히려 어둠을 걷어낸다.
어느새 씻은 듯이 들어난
너 짙푸른 하늘아
너의 정을 담은 양지 볕
아기의 그 맑은 눈동자가
구름 낀 가슴을 환하게 터놓듯
어두운 그림자 밀어내고
새 아침을 열며
다시 눈뜨는
고독을 만져본다.

푯대를 세우고

저 지붕 위로 솟은
너, 외로움 끝으로
햇빛 바랜 오후의 깃발이
바람에 못 이기어
목을 매듯
용트림 하면서
구름 한 자락 잡고
석양 빗긴 하늘 저으며
아쉬운 듯 석별을 몸부림친다
그러다, 오늘 하루 마무리는 언어로
저렇게 자랑처럼
펄럭임을 몰고간다.

꿈으로 색인 잎

지난밤 꿈속으로
떠오르던 모습이
아침은 더 짙푸른 그림자로
내 창가에 어리고,

계절이 지나가듯
어느덧 내 삶의 봄여름은
아쉬운 채 추억만 그리면서
꿈으로 새겨 논 나뭇잎.

이제와 오솔길만
외로운 발치에 눌려 있으니
지난날의 회한에 목이 메어
바람에 흐느끼는 잎이여,

그리움만 가슴속 밀물로
소리 없이 밀려오는 자리에
삶이며 설움이며
함께 매만지고 있는가.

선인장 꽃

혹여 삿된 것이 범할라
가시로 날을 세워 숨죽이니
온 몸이 새파랗게 질렸다
부풀어 터질듯,

그 울림에 따라 피어나
지평 멀리 손짓하며 고별하는
이 하루의 찬란한 빛 꽃이라
낙조의 그 몸서리치는
핏대로 솟구침에 울리어
서기어린 넋이여

너 타고난 이름이 신선일시
긴 세월을 삭이며 참아오던
너 젊은 그대로 변함없이
온 몸이 새파란 넋으로
찬란한 꽃이 피며 지는
한 자취의 꿈이여.

계절은 햇빛 따라

봄날의 햇빛은
훈기로 대지의 꿈을 깨워
싹눈을 틔워주고
여름 햇빛 열기는
세월 두고 키워온 정과 열을
온통 푸른 잎에 쟁여두고
가을로 수그린 햇빛은
계절 내내 익혀온 제 보람을
단풍잎에 새겨 품어내고,
눈서리 스치는 햇빛은
철 지난 꿈 허울을 거두어
흙으로 되돌아가느니
그 정기를 받으며
사람은 비로소
제 목숨 한 점으로
제각각 타고난 그 눈매와
제 나름의 가슴으로 새기며
늘 꿈을 펴는 나날로
숨 쉬는 빛이 되네.

연(蓮)

진흙 속 깊은 곳이나
시궁창이 내 집이라도
조석으로 맑은 숨 쉬느니,

지상에 고운 것만 골라
먼지 하나 물방울 하나라도
삿된 것은 빌붙지 않느니

그 잎의 둥근 덕성으로
세상의 모든 고뇌 떠안고
망상도 다 소멸 시키니,

뉘 감히 이 위상을
함부로 범할 수 있으랴
이 청정한 자태를.

보문산 푸른 정

보문산 푸른 숲을
온 몸으로 안아 마시며
가슴 풀고 발 제기어 오르면
산은 팔 벌려 반긴다

시루봉 머리 위로
흰 구름이 스쳐 가는 어름에
턱으로 오르는 숨 고르며
굽은 허리 펴는 나그네

함께 일어서는 한밭 땅
이 산의 정기를 모아 마시며
마침내 싱싱한 숨 틔우니
이 산의 푸른 정, 생기로 솟음일세.

꿈 한 아름

하루 내 허둥대다,
돌아와 빈 방에 누웠어도
가슴엔 거칠 것이 하나 없네

일상은 늘 그렇듯
아침을 향하여 일어서고
날빛을 따라서 바람을 가르느니,
그 밖에 자랑처럼 널린 빛깔.

저 별판에 밝아 오는 길을 위해
이제 새 신으로 챙겨 신고
허리띠 졸라매고...,

오늘 밤 자리에 들거들랑
임이여, 한 송이의 꽃을 위해
거울 앞에 옷깃을 다듬고
꿈이나 한 아름 키워나 주시게.

숲 속에 묻힌 길

숲이 우거져
속으로 묻혀 있어도
길은 제 몫을 챙기지 않는다.
풀 나무들
한 흙을 디디고
함께 어우러져
저마다 발 돋우어 키를 겨루며
제 나름의 맵시를 뽐내면서
잎 푸른 생기로 일어나니
거기 묻힌 길이라,
온 숲을 얼싸안고만 있다
비비는 바람은
마을을 깨우더니
환하게 동 트는 어느 날
생기에 찬 발길로 다듬어 갈
바로 거기 숨 쉬는 숲으로 돌아와
푸르게 설 나무며
늘 푸른 길이며
함께 춤추며 노래하고 있다.

어둠을 깨우는 별

어둠으로 차 있는 밤
하늘, 땅을 분간할 수 없다
별들만 깨어나 깜박일 뿐
선악도 미추도 가슴속까지도
모두가 파묻힌 장막이다
땅으론 시간이 기어가고
하늘은 무한 공간 그대로
수없는 별들만 싸안고
저리도 밝은 눈을 반짝이며
정녕 나를 내려 보고 있다
나는 내 별을 찾다 지쳐서
나도 몰래 잠이 들었다가
이제 겨우 깨어나
뒤늦게 가슴 푼 별을 본다.

속 태우는 허울

그 눈매로 익혀온 목숨을
나뭇가지 끝에 매달고
가슴 속에 품어온
푸른 꿈
어느 언저리 어른대는가, 또 찾는다
여름 내내 익혀온 그 불볕에
목말라 허위허위 지친 잎들인데
아직도 산야에는 초목군생 저마다
허기진 그 허울을 꿈과 함께
품어내지 못하고
시드는 저것은,
이 가을 맥없이 속 태우는 허울
또 허울이면 좋을 것이라 했다.

꽃, 바람에

저 산야에
여기저기 피어난
이름 모를 크고 작은 꽃송이
환하게 웃어주는 모습에서
바로 임의 생기 어린 숨결이
가슴 속의 고운 말씀이
그 입술의 미소가
눈매에 집히느니

계절 따라 산야에
온 세상의 꽃이 피어날 때
거기 함께 어우러진 우리는
날개 없이 나는 나비여라.

잠 설치며

별들은
하늘에서
눈뜨고 어둠 속을
더 밝은 빛으로 일어나

저마다
제 나름의
하늘 한 자리로
제 꿈을 펴고 있는데

오늘 밤
나의 별은
그 어느 하늘에서
무엇을 꿈꾸고 있을까.

채석강

격포항
시루떡을 켜켜로 괴어놓은
그 절벽 아래를 지나서
저기 앞 바다로 뵈는
섬 하나 가물가물
떠 있는데,

어쩜 그게
그리도 외로운지
여기 집 나온 내 모습을
영락없이 찍어 놓았구나

그러나 저 바다에 뜬
섬이야 외로워도 언제나
제 가슴만 일렁일 뿐
울지는 않는다네.

제2부

속가슴 열기

마음 닦기

후생을 가르치되
먼저 자리 위에 앉아서
매양 내 자신이 스스로 책임지기
모든 복은 제 스스로 짓는 데에 있어.

산 푸르고 물 맑은 흐름이 듯 그렇게
생기 있고 자연스런 모양새를 하여
내 육신이 지은 허물 다 버리고
속마음을 닦아 세운 자리.

거기 걸림 없는 자리라
매양 높고 낮은 데가 없어
모든 것을 포용하는 그 자리가
그냥 활짝 갠 하늘이네.

빈 자리에

하늘의 태양빛이
세상을 본래 밝히는데
때때로 구름에 가려서
어둡고 궂은 날 만나면
흔히들 하늘과 날씨만 원망하며
이리 저리 허덕여 왔느니,

하늘과 땅 사이로
사람이 살아 숨 쉬는 걸
빈 하늘에 태양이 빛나면서
온 세상의 어두운 구석구석
끼어있던 구름을 걷어내듯,
사람의 마음속에 낀 때를
말끔히 씻어내 버리면서
햇빛 밝은 길을 여느니,

여기 땅을 짚고 숨쉬는
거기에 하늘이 비어있듯
마음속을 다 비우고 나면
환한 빛이 스미리.

제주도 파도머리

옛 탐라국
십 년을 지나고 다시 보니
그 모습은 낯설지 않지만,

갈수록 푸르고 생기 도는 마을
나무 푸른 숨소리 들릴 듯
바다로 에워싼 섬

물보라 치는 파도 머리
해변은 흰 거품을 토하며
바위기둥 바위벽을 메어친다

서로 얼싸 안고 부딪치며
지저귀는 돌멩이들 목욕 시켜
참 삶의 지혜를 닦는다.

허물벗기

남 허물 한 가지 보거든
내 허물 열을 돌아보라고
허물의 밧줄에 매달리지 말고
내 손을 그냥 놓으라 했는데,

사람들을 대할 때
그가 나와 다름을 보거든
먼저 내 가슴에 손을 얹어
한 결로 가누어 차별하지 말라

마음속이 평온하지 않으면
그 삶도 역 불편한 걸
누가 말려줄 것인가
그 공허한 자리를,

그래 미운 것은 애초에 보지 말고
곱게만 보이는 눈 거울을 닦자
내 마음 속으로 끼어있는
때 먼저 닦고 보자.

남은 햇볕 한 자락

이제 해는 저물어
사람들은 집으로 돌아가고
남은 햇볕 한 자락을 어르며
나 혼자 벌판에 섰느니

내 고마운 사람들을 위해
남은 햇볕 한 자락을 어르며
여기 함께 내 목숨을 세워왔던
그런 사람들을 위해 나는
무엇을 주고 갈까

나그네야 길 한번 떠나면
육신은 다시 올 수 없는 것이라
주고 싶은 그것을 찾다 보면
내 가난한 마음만 부풀어

이랑을 스쳐온 볕, 양지는
이제 곧 한 자국의 빛으로 남다가
마침내 연기처럼 사라져가면서
아, 저렇게 노을로 타고 있네.

길을 물어

그래도 길을 물어
삼년을 시중하며 기다렸지
아무런 귀띔도 얻지 못한 채
그냥 돌아가려 할 즈음,

큰스님 날 불러 세우고
길이란 네 마음에 있는 것
네 어디로 부질없이 헤매면서
무슨 길을 찾으려 하는가

마음 밭에 고운 씨를 심어
티 없는 하늘로 가꾸어 간다면
거기 곧 네 길이 열릴지니
복, 덕도 절로 오리, 하셨지.

빛을 따라

빛으로 존귀한 님
인간의 존엄성에 이르니
절대 평등 그대로 살리는데
인연 따라 시작한 목숨은
세상에 집착할 수밖에 없어
그 집착이 차지한 자리만큼
가슴이 메워지는 터이니,

영원과 연하면
거기 너도 함께 하리니
속세의 인연을 다 놓으면
내 영혼도 자유로운 지라
그냥 거칠 것이 없으니
그래서 영원한데,
그래 내 님을 따라야지
본래의 제 자리로 되돌아
빛을 따라 가리니.

속가슴 열기

이 세상 살면서
몸 가누기 힘겹거든
계절 따라 피어나는
저 산야의 꽃송이를 보아라
그 곁으로 가까이 가서
눈 여겨 속을 보아라
그들 꽃 이름이 무엇이든
제 나름의 모양새를 뽐내며
저 밝은 빛 피어나는 웃음을
그 누가 미워 할 수 있을까
그 어디에 어두운 구석 있는가
그 어디에 찡그린 주름살 있는가
그 어디에 미워한 기색 있는가
그 언제 시기한 적 있는가
그 언제 탐내고 성낸 적 있는가
참 고운 것만 보여주는
제 밝은 웃음 피어나
이 마음을 여느니
오늘 속가슴 열기, 우리의 공부여라.

고갯길 어머니

언제나 뒤 안에서
등받이에 젖은 땀 씻어내시고,
때로는 나무숲에서 남몰래
소리 없이 맺힌 이슬처럼
눈물 젖은 소매 깃을
쥐어짜던 어머니.

그 남은 빛 자국에
우려낸 굽은 허리 제끼며
먼 산마루턱을 바라다보는데,
석양빛이 남아 부신 거기
노을로 사려 뭉개다가
포개져 밤이 되고,

나날이 되풀이 되면서
어머니의 한 생은 그냥 거기
어린 나를 해바라기처럼 바라보며
그 험한 고갯길도 오르내리면서
굽이굽이 사연도 서려 놓고,
이제 노루 꼬리만큼 남은

석양이 기울어지면서
저 흔적 없는 밤의
적막 앞에 맞서다,
그때 거기 뭉개진
그림자만 외로운 그대로
간신이 산기슭을 기어오르더니,
그 모진 삶으로 시달린 채
저 불붙는 마루턱 다시 바라보니
서럽도록 가쁜 숨 올라오고
소망도 거기, 기어오르고
고갯길 어머니
허리는 여전히 굽어있었다.

나그네야

이 사람 나그네야
가는 길이 어렵게 채이거든
바로 앞을 먼저 살펴보고 거기서
제 마음 자리 비우세,
세상이 살기 어려운 걸
탓하고 원망하기 앞서
뛰는 내 가슴에 조용히 손 얹고
심장부터 달래 놓아야지.

내 안길을 먼저 닦아야
내 몸을 실어가고
그 길에 마음 비추어 가누고
그 길을 따라 임도 오기 마련이라
세상사 다 바르게 비치는
그 거울을 대문에 걸세.

손님맞이 청소하듯
내 안으로 낀 먼지를 털어내고
새로 빨은 옷으로 갈아입고
빈 자리로 돌아가세.

길 떠나며

혹여 제 가슴 한 구석에
색이다 만 찌꺼기는 없을까
언젠가는 트지 않고 그냥
떠나갈 수 없는 걸.

지난날 어머니가
소리 없는 말씀을 남기시고
미련 없이 조용히 가시던 날
나뭇잎도 바람도 숨죽였지.

그때 그 무언의 교훈에
발 멈추고 문득 뒤를 돌아보니
부끄러운 저 지난날 그림자가
이 발치를 붙잡고 늘어져

사람은 길 떠날 때
가진 것에 억매이게 된다고
그래서 제 집착을 풀고 그냥
홀가분한 차림이 되라네.

마음먹기

말씀에 이르시되
삶과 죽음 극락과 지옥이
다 마음에 있다고 하시니
세상 그 무엇을 걱정하랴

겨우내 죽은 듯이
쓸쓸이 비어있던 들판에
어느덧 봄볕으로 파릇파릇
싹이 터 오르는 것이나
가을날 앞 뒷뜰에
낙엽이 몇 잎쯤 떨어져
바람결에 뒹구는 그것이
제격이 아닐까 그 말일세

기쁘고 슬픈 것
아픔도 다 결국 제 탓인 걸
마음 비워 닦으면 곧 거기
막힌 가슴 트이리.

어머니 속가슴

내 고향은 어머니
그 따스한 품에 안겨서
마냥 응석 떨고 몽니를 부려도
어머니는 그걸 다 받아 주시면서
오냐오냐 내 새끼 어디어디,
어르고 추석이며 감싸 안는다
온돌방 아랫목이지요
내 조국은 어머니
언제나 따스한 가슴으로
허물없이 쓸어안고 받아주는
그런 고향이어라
그 곳에 자라온 사람들을
아무 허물없이 맞이하고
자식을 품에 안고 감싸 주듯
언제나 마음속 나를 안고
내 일상을 염려하며 기도하고 있느니
서낭당 마루턱 돌무지에
돌 하나씩 주어 쌓아 올리면서
손길 모아 빌어 올리시되
'내 자식이 언제 어디서나

하늘 아래 벌거숭이 그대로
내놓고 떳떳한 사람으로
길을 닦아 키 세워 주소서'
한 소망 자식 잘 되기를
손발이 다 닳는 줄도 모르고
오로지 한길로만 신앙하신 어머니
웬일인지 오늘은
그 마음의 속 깊은 자리로
가슴 대고 싶은 저.

내일을 꿈꾸기

이 한밭 한 복판에
도산의 푸른 품에 안겨
꿈 한 아름 짓는 여기 복지회관
큰 등불 빛 높이 걸었느니,

지난 봄 피어났던 꽃이나
한 여름날 무성했던 잎이며
가을날 그리도 풍성했던 열매들,
석양빛 낀 놀에 새겨 두고

한 소망을 한 가슴에 모아
손길 곱게 다듬고 정성 들여서
더 밝고 생기에 찬 내일로
새 삶의 꿈을 펴세.

우리의 한 말씀 한 자국이
후세의 길 밝힐 등불이 되리니
마음 닦아 새 옷을 갈아입고
다 함께 복덕을 지으세.

* 남선공원〈복지회관〉 '노인헌장'비 새김시(2002년 10월)

수난기

지난날 나치군이 남긴 것
무고한 유태인을 얼마나
더 많이 죽이느냐 하는 데에
혈안이 되었다고 하는데,

그들은 제 집으로 돌아가
아이들과 한자리 둘러 앉아
하나님을 받들어 외치고
찬송가를 부르고…

지난날 미국의 9·11테러에
제 목숨을 초개처럼 던져서
그 거대한 무역센터 건물을
무참하게 무너뜨린 사람들

너 죽고 나 죽기로
그 엄청난 사람들의 생목숨을
휩쓸고 지나간 뒷자리
피차간에 무엇이 남았는가.

간월도

물때는 언제인가
저기 저 바다 앞으로
육지를 늘여 찍은
새로운 섬 하나.

바위로 솟아난 너
매양 뜨는 해를 맞아 보내고
달을 보고 깨쳤다는
간월도(看月島)

님은 가고
발자국만 짚어 논
그 암자로 터를 잡고
앉아 계신 부처님.

말씀은 없으셔도
온 누리에 베푸신 그 은혜로
화답하듯, 나그네 옷깃에
바람이 스쳐가네.

창 너머로

해 지고 시간 흐르고
온 천지에 장막이 내리어
잠 설치며 뒤척이는 여름 밤
창 너머로 어른대는 그대

길 가의 풀섶에서
벌레 우는 소리만 구슬프게
아련히 귓전을 맴도는 이 한밤에
님 그림만 가슴에 차네

이 밤을 달래면서
눈시울에 어른대는 그림자,
나그네길 서럽기는 해도
생기 불어주는 그대 있음이여,

이 어둠 짙을수록
하늘의 별은 더 빛나듯이
이 가슴 빈 터전에 비친
영혼은 그저 맑은 거울이네.

뒤 세우기

살면서
세상에 놓치는 것
어찌 한 두 가지 뿐이랴
지나온 길, 돌아보면
더 밝고 넓은 길이 있는 것을
그때는 왜 보이지 않았는지 몰라
어쩌면 비껴온 그 길이
더 좋아 보이는 걸
아쉬워 가슴 쥐어 보아도
기왕에 스쳐 지난 길이라
이제라도 눈 귀 다듬어
더 밝고 넓은 길로 닦아놓고
뒤 따르는 그들에게
새 신발 지어서
물려줄 수 있을까, 생각해보네.

제3부

허공에 던진 돌

숨 쉬는 길 위에

그것은 어쩌면
꿈을 꾸는 것
가슴속 신념을 짚고 일어서며
제 키를 내세우고
제 길을 따라
보람을 쌓아가는 것이요
희망의 등불 따라
숨 쉬는 것
때로는 가파른 언덕에도
신념으로 몸 세워 견뎌내고
내일을 지어가는 숨길 위에
오르락내리락 시세의 줄을 타고
흐리다가 때로 깨어나고
구름인가
지나가는 나그네,
그것은 어쩌면 무심한 바람
숨소리인지도 몰라.

낙조에 서린 빛

하루가 다르게
하늘을 치솟는 빌딩의 숲
불개미떼 같은 생열이 거리를 메우는
그 속에서 현대라는 거대한 허울이
홍수처럼 밀어닥치면서 이리 저리 쏠리다
사람들은 제 몸도 간신이 가누며
흔들리는 거리를 간다

자, 이것 참으로 난감한 걸
어디로 그 어지럽게 홀리는 눈귀를 돌리며
어디로 그 울렁이는 가슴을 억누르고 차마
이 발길을 짚어야 할 것인가

어린 시절 안기었던
어머니의 품속이 그립지 않은가
아, 영원한 구원의 참 손길이 그립지 않은가
오늘도 이 마을 숲 속까지 밝혀주던 햇빛은
어김없는 낙조의 찬란한 몸부림
창마다 소리 없이 불타고 있다.

운명을 품에 안고

이 하루, 해는 내내
붉게 익은 얼굴을 숙이며
끝없는 지평선을 가른다
뒤 따라서 황혼은
어느새 차창으로
스쳐 내리면서
빈 들판을
기엄기엄 기어
끝내 장막으로 덮치더니
나그네 한 수레바탕에 실려서
함께 한 운명을 품에 안고 간다
거기 싫고 가는 짐이 무거워
바퀴살은 씩씩거리고
그래도 이 열차는 그냥
장막을 뚫고 간다.

한삼내

대둔산 한 줄기를
사려 짊고 앉은 이 마을에
세 골짝의 시냇물이 내리어
그 푸른 생기 감도는 곳

이 푸른 정기를 타고
첫울음을 높이 터뜨리며
천진한 채 귀한 목숨들이
그냥 축복 속에 태어났지

오순도순 정다운 이웃이며
풀 나무 숲 속으로 풍기는
짙푸른 잎 생기어린 숨결을
가슴에 쓸어안고 살아왔지.

여기에 산 푸른 가슴과
시냇물의 그 맑은 마음과
청정한 정기를 받아서
늘 푸른 나날이길 바랬지.

가을 숲속에서

산은 산 그대로
봄, 여름 내내 그 자리서
제 푸른 숨을 쉬며 언제나
내일을 꿈꾸었지

계절은 산을 스쳐
숨 쉬는 숲 속을 어르더니
숲은 온통 울긋불긋, 어쩌면
그 누가 물들여서 이리 고와질까
차라리 제 스스로 토해내는
그런 정황일시

숲은 깨어 숨 쉬고
계곡 물은 물대로
제 맑은 숨을 쉬며
숲 거울로 비쳐서 숨 쉬고
그 속에 하늘 까지 비쳐
다 함께 단풍 드네.

빈 하늘이 푸르다

이 땅에 숨 쉬는 것
어쩌면 풀잎과 이슬 같은 것,
뿌리는 땅으로 숨길을 터 짚고
제 몸으론 햇볕을 되새긴다.

그래 저 태양을 스치며
제 생기를 추스르고
계절의 바퀴살에 목숨을 걸고
언젠가 사라질 운명을 노래한다

이 세상 산다는 것은
어쩌면 구름 같은 것
어쩌면 하늘을 숨 쉬는 바람 같은 것
제 목숨을 실은 허울 같은 것

내내 이 땅으로 맴돌다
풀잎을 스쳐오는 너 바람아, 말하라
저 허공에 무슨 흔적이 있는가
다만, 빈 하늘이 푸르다.

오후의 깃발로

그 푸르던 이마에
어느덧 골 깊은 주름살이
밭고랑을 쳐 놓은 듯 거기
애환서려 새겨진 말씀들이
햇볕에 절어붙은 땀으로
번뜩임을 보아라.

저 생기 찬 잎들이
어느새 서리를 맞았는지
속절없이 희어 바래인 머리칼처럼
계절 내내 불어오던 바람에
오후의 깃발로
허공에 휘날림을 보아라.

허공에 던진 돌

온 마을에
어둠이 내려앉아
심연으로 잠겨드는 거리에
이따금
어둠 속을 헤집고
번쩍이는 헤드라이트 불빛과
깊은 밤 서리 찬 바람결이
거칠은 이 살갗을 스쳐갈 뿐

어디로 머리 둘지 몰라

자못 망설이다
끝내 돌 하나 주워 들고
머리 위 검은 하늘을 향하여
내 힘껏 던져 보았지만
그 돌은 되돌아와
내 가슴에 부딪네.

외줄 타기

외줄에 올라서서
'어찌했던 기분은 좋구나
내가 줄을 잘 타는게 아니라
이 어른 염려 덕에 그렇지
얼씨구 요 발바닥
요놈으로 잘 비벼대야
줄에서 떨어지지 않을 텐데
아, 그걸 마누라에 맡겨놓고 올걸
이번에는 줄에서
공을 한번 차볼 판인데
아서라 엉덩이로 재주를 부리고
외 무릎을 꿇고 훑어 나가자'

꼬마 친구들이 손뼉 치고
어른들 입만 벌려
저기 저 벽공에 외줄 매고
무릎 꿇고 자진마치 가락으로 끌어가되

'요새 줄만 잘 타서도 출세한다더니
내 이리 높은데서 줄을 타니

뉘 감히 여기를 넘볼까
하기야 여러분이 이렇게
나를 올려보는 턱이라
별 볼일 없는 자리인 걸'

외줄타기 징소리에 끝이 나니
그도 역시 보통 사람이라
유난히 다른 바가 없다.
높은 줄은 이리 잘 타지만
실속 있는 줄은 못 타니
그저 평생 줄을 타고 살면서
온 가지 재주를 온통 다 부려도
남이 타는 줄을 타려다가
자칫 망신하기 십상인 걸
아예 그런 줄은 생각 밖에 두고
차라리 이 밧줄이나 타면서
그날그날 속이나 편하게
밥술이나 먹고 사는 것이
차라리 상책인 저.

아 필승 한국아

기억하라 그날을
생피로 목 말린 백 십칠 분
온 몸이 땀으로 범벅인 채
정신없이 뛰고 닫는 태극전사
가슴을 조이며 외치는
아 필승 코리아
대한 국민이여
해는 이미 서산에 기울고
마지막 기력을 다 쏟아 놀 무렵에
마침내 온 정신을 실은 한 꼴이
승리의 문을 활짝 열었으니
아, 여기 대 역전의 극을 보라
저 함성의 불길을 보아라
전국을 뒤흔드는 그 울림을
전 세계가 깜짝 놀랄 그 몸짓을
보라 이 위대한 대한민국
자랑스런 우리 대한 국민이여
이 한마당 불타는 가슴을
전 세계에 메아리치게 하라
영원히 불타는 언덕에서

밝은 나날 지어가게 하라
온 몸에서 피가 용솟음치누나
칠천만 한 겨레 한 가슴아
너와 내가 어디 따로 있는가
얼싸안고 비비고 짓 뛰는
이 한마당
영원한 불꽃으로 여기
활활 타오르게 하라
3.1 운동 그때 그 정신과
8.15 해방의 그 환희가 어쩌면
이리 매운 열기를 품었을까
여기 다시 이는 기운이라
이제 우리 여기에
그 기상과 불길을 모아서
영원한 횃불이 되게 하라
이 하늘밑 당당히 위로 하여
늘 밝은 나날이게 하라
우리 대한 국민이여!

사람으로 세우기

요즈음 세상에는
자식을 기르기가 어려워
낳기를 꺼린다고 하지만
농촌에서 농사짓는 일들이
자식 낳아 기르기에
비교 될지 몰라.
갈수록 기계화에 더구나
정보화에 밀린 세상이라
땀에 비해 얻는 것이 적어
농사짓기 어려워 손 놓고
도시로 밀려드는 일손들
하기야 거기서도 살기는 매한가지
어리면 어린대로 돌보아 줘야지
크면 또 크는 만큼 힘 드는데
아이들은 고사하고 제각기
제 자신도 숨쉬기 버거워
세상을 허둥대듯 갈팡질팡
울 밖의 유혹에 시달리며
물색없이 등치만 자라나니
요즈음 농촌의 힘겹기나

우리의 아이 나아 기르기나
별로 다를 것이 없어 보이니
이것은 또 무슨 관계일까
그건 바로 돈이나 권세를 앞세워
남들에게 뒤지지 않기 위해
얼마나 마음 써 가꾸어 왔는지
거기 요새 젊은 어버이들
흔히 제 자식만 귀여워서
사람으로 키우는 걸 얼마나
마음 써 챙겨 왔는지
새 목숨은 새 길로 닦기를
얼마나 힘써 세워 왔는지
혹여 남의 탓은 안하는지
남의 허물 얼마나 용서해 왔는지
내 지나온 길 내를 훑어보세
내 자식 사람으로 세우기를
그 얼마나 힘써 왔는지를.

말씀과 글씀이

사람의 말씀을
기록한 게 글이니
글은 지울 수도 있지만
말은 지울 수가 없는 걸
그래서 말의 자유, 그것이
더 무섭고 엄숙한 존재인 걸
흔히 들 가볍게 여기지만
'男兒一言 重千金'이라고
하나, 어찌 사내만의 말이랴
큰 일하는 사람일수록
무겁게 지워져야 하지만
요새 말 바꾸기 예사로
시비가 따르느니
한때의 사탕발림으로
사람들을 유혹해 보지만
그것은 얼마 가지 않아서
들통 나지 않는가
그래서 큰일에 임할수록
말이 너무 많은 데에서는
쓸 말을 가리기가 어려워

그래서 사람이란
일상에 말은 줄여 하되
행동이 신실해야 하느니
그래야 말 된다지
그래야 글씀이도 잘 된다지.

제 숨쉬기

세상에 태어날 때
남들처럼 그렇게 태어나
너나없이 다 같은 숨 쉬면서
살아가기 마련은 했지만,

어디로 태어났나
그것이 곧 길을 좌우하여
그 만나는 뜻대로 실려 가며
비로소 세상길을 맞으리니

제각각 타고난 길을 따라
거기서 또 제각각 꿈을 짓고
저 나름의 제 모습을 세워
이 세상의 숨을 쉬리니

그 모양새 사는 모습은
꿈속에서 꿈을 꾸며 살기라
속내는 각기 다른 숨쉬며
늘 내일을 꿈꾼다.

늦가을 나그네

늦가을 선 바람에
하늘은 가슴을 열었는데
열차에 함께 실린 나그네
이 하루 먼 길을 나섰다

한 열차에 실려
저마다 가는 길을 가누며
내리고 오르는 그 역마다
나그네의 발길이 붐빈 하루

늦가을 선 바람에
하늘은 가슴을 열었는데
열차는 그 아래로 배를 깔고
한 결로 달려가는 길인데,

그 안에 실려 가는 나그네
늦가을 햇살에 함께 익어
발자취를 사리네
궤도 위 열차와 가네.

일그러진 나뭇잎

여름내 익혀온 꿈으로
가을은 어김없이 예 왔는데
하늘은 무엇이 그리 불편한지
잔뜩 찌푸리고 얼러대며
비가 금방 쏟아질듯 하더니
비는 야속하게 오지 않고
눈물로 목을 축인 나날들을
진땀으로 가슴을 쥐어짜 긁으며
긴 가뭄이 온 땅을 말리더니
속 타는 초목군생 하며
나뭇잎들 거기 덩달아서
제 꿈도 불태우지 못한 채
애원하듯 나무 끝에 매달려
몸부림치듯이 온 몸을 비틀면서
버둥대는 가랑잎, 바람이
가지에 이죽이네.

단풍진 가을 잎

가을은 어김없이
하늘땅의 정기를 모아서
저마다 나뭇잎 울긋불긋 단풍지우고,
그대로 소리 없이 익어가는 가을 잎이
바람도 기척 없는 공중에 흩날릴 때
떨어져 땅에 누운 몇 잎을
내 지나다 무심코 주어서
책갈피 속에 끼웠다.

나무는
숨 쉬기를 되풀이하면서
계절 따라 제 모습을 바꾸어
제 주제 영화를 누리는데
까맣게 잊어버린 나날들을
너만이 되돌아 책갈피 속에
마른 잎 세월을 간직하고
잎 속으로 머문 그냥 변색 없는 모습이
옛날을 일으켜세우네.

가을을 우는 잎

시월이면 이제
가을도 한창 익을 땐데
여름 내내 익혀온 꿈밭에
긴 가뭄이 들어
온 땅을 말리더니
나뭇잎들 거기 덩달아서
제 꿈을 불태우지 못한 채
보람 없이 건성으로 메말라
눙치며 애원하듯 매달리고
가지 끝에 이글은 가랑잎
바람에 서걱서걱 비비대며
이 가을 눈물 없이 울다
덧없이 떠나누나.

설익은 잎

가을도 한 복판
시월 상달이라 하는데
여름을 익혀 세워 온 계절
가물어 말려온 들판이며
강바닥 돌밭을 긁어대는
불타는 햇볕에
나뭇잎들 덩달아서
제 꿈의 허울이 이지러지도록
애원하듯 가지 끝에 매달려
보람 없이 건성에 늙는 걸
그리도 억울해 호소하듯
울다가 눈물까지 메말라
차라리 이 불볕에 그냥
불태우고 싶은 것.

혼자 왔다 가는 길

세상에 태어날 때
거기가 어머니 품이더니
혼자 나서 함께하는 세상을
덧없이 살아왔지.

바람 속에 어울려
인간으로 살아가며
인연 따라 발길 따라 가다가
마음에 몸 부리다 흘린 땀과
때로 웃다 울다 가슴 죄는 외로움
때로 거기 겹치는 서러움 더러는
원초의 슬픔도 스치었지.

그래 올 때는 혼자라도
방안 가득 벙글은 꽃이더니
가는 길은 도로 혼자인 채
외로운 길이라네.

제4부

허울로 스쳐가기

내 발자국

오랜 세월 역경과
수없는 곡절을 겪으면서
나 부르는 소리를
나의 온 몸으로 느끼며
성숙한 우리 삶의 건설을 위하여
우리 안에 병든 정신적 패배를
변화와 개혁으로 치유한다 하기에
이 땅에 태어남을 자랑으로
큰 기대를 모은 것이었지.

따라서 우리는
어떠한 이념이나 체제도
민족보다 더 소중할 수 없고
어떠한 주의나 당파라도
민주보다 더 행복할 수 없다고
그렇게 믿어왔지.

그런데
우리를 괴롭히는
그것이 우리 안에 있는 걸

나는 미처 그 속내를 몰랐지
곧 우리 생각과 행동거지
이들을 바꿔야 할 것을
까맣게 잊어왔지.

주인이 바뀌는 그때마다
단골손님 '개혁한다' 했지만
점점 엉거주춤 흐려지는 옛날의
그 버릇에 병든 그 속내를
말끔히 빨래터에 버리고
내일은 행동이 변화하는
그것이 앞서야지.

구름 탄 나그네

땅 짚고 구르다가
사뿐히 떠오르는 비행기와
구름을 스쳐가는 나그네

허공 속이 차라리
빛으로 한 아름 차 있어
향연으로 피어오른 생기며
가슴을 조이는 순간인 져

이 한마을 사람들
그 사랑의 귀한 가슴 턱을
목숨처럼 껴안고 가리니

이 무한 허공 속을
거니는 내 하치않은 등치
그 흔적이 어디에 남아
이름할 수 있을까.

한 결로 손잡고

희망찬 얼굴들
힘차게 내딛는 발걸음
미어질듯 터져 나는 함성
거기 정연하게 어우러져 있는
군중들의 한결같은 몸짓과
천지를 뒤흔드는 갈채와
불타는 가슴 속까지
이 땅에 집중된
세계의 눈과 귀에
이 울림 열기를 떠 보내자.
모든 벽을 헐어 버리고
한 가족 인간으로 한마당
하늘로 싱그러운 바람결을 타고
새파란 잔디 위에 속가슴을 열자
한 결로 손에 손을 잡자
거기에 어우러져 뒹굴자
이 함성과 갈채 속에서
나 어디로 있는가.

봄을 위한 손길

유전인자 조작해
죽어가는 태아를 살린다면
이는 큰 은혜가 아닐까

그런 일을 할 수 있는
정말 장한 학자가 있으니
재미 한인 *신현승 박사
그가 바로 암 퇴치 연구자.

그렇지만 그는
스스로 낮추면서
'내 유명해 지고 싶은 마음
그게 있었다면, 나는 이 일을 못한다'고
'나는 이 연구가 재미있어 할 뿐이라'고
온 인류 생명의 적, 암을
그 암을 퇴치하여 자연을 살리는
바로 이 자연 보호자.

그가 곧 우리를 구원하고
우리 인류 은인으로 처함에도

스스로를 낮추면서
'재밌어, 하고 싶어 한다'는
그 겸손한 마음자리에서 모처럼
새 싹이 솟아난다
우리의 대 자연을
훈훈한 봄날의 생기어린
그 겸손한 사람됨을 우리는
가슴 속에 새겨 보면서.

– TV에서 이희성 박사의 담화를 듣고
* MIT 보스턴 공과대학 교수

노래말을 잊다

긴 잠을 깬 대지는
눈 비비며 초록을 틔운다
계절이 제 장단을 맞춘
저 들판을 보아라

우리가 발 딛는 이 땅으로
새파랗게 생기가 돋아나는
저 몸짓 하나하나 새겨
천사가 춤을 춘다

철따라 옷을 갈아입고
눈짓 따라 춤을 춘다 하지만
그 무슨 노래를 부르기에
어디로 손 맞출까.

이 마을 사람들 그 노래에
제 장단 맞춰 춤추다가
저 들판의 몸짓에 끌려
노래말을 잊다.

그때 그 아이들

그때 그 포화 속에
쓰러진 어베를 부르다가
지쳐 자지러진 그 아이가
함께 죽은 듯이 잠들어 있었지

포화가 멎은 뒤
포연이 걷히던 길바닥은
말없는 시체들만
즐비하게 들어나 있었지

그때 그 포화 속에서
어베를 잃고 울던 아이들이
그 잿더미 속을 헤치고 살아남아
오늘같이 갠 날을 맞으니,

세월 속에 묻혀진 한이야
너 나를 그 어찌 따질 손가
이제 우리 가슴 속에 색이며
빛살로 제기리니.

그래도 웃어보세

다 함께 웃어보세
고난 속에 찌들이던 우리
지난날에 지쳐 이글어진 허울
모두 다 훨훨 벗어 던지고
가슴 속에 끼어있던 찌꺼기도
말끔히 씻어내 버리고
오랫동안 꿈꾸었던
그 호쾌한 웃음 웃어 보세.

언제 우리 다 같이
이런 웃음 웃어본 적 있었나
아 하하하 으하하하...이렇게
88년의 올림픽 경기에서나
2002년 월드컵 축구경기장에서 환호하며
우리 함께 웃던 그런 웃음으로,
안면도 꽃 잔치에 피어났던
그 수많은 꽃송이로 피어나듯
그렇게 어울려 활짝 웃어보세.

태안 앞 바다가 그렇게

죽음의 기름때가 덥혔어도

이 나라 방방곡곡에서 모여든
수많은 사람이 한 마음이 되어
내 일처럼 손발을 걷어 부치고
독기 찌꺼기 덩이들을
걷어내고 씻고 닦으면서
우리의 속가슴 마음을 기울여
생기의 빛 영혼의 울력으로
저 바다의 생기를 되찾아 일으켜
청정한 바다로 살려내니,

지금 살기 어렵다 하지만
옛날의 가난 속에 허덕이던
그런 고난에야 어디 견줄 손가

일꾼들이 설사 제 구실을 못하고
갈팡질팡 허둥지둥한다 하지만
주인이 제 마음만 잘 가누면
그게 무슨 대수란 말인가.

이제는 새 마음을 다듬어
먹구름 낀 구석구석일랑
저 태안 앞 바다에 흘러든
그 죽음의 찌꺼기와 함께
모두 다 씻어내 버리고
양지쪽의 새 햇볕을 쪼여서
우리 함께 새 목숨의 기를 받아
참 모습의 기를 우리 함께 받들어
웃음 띤 나날을 지어가세.

이제 우리 다 같이
새 날로 새 마음 다듬어서
거침없는 웃음으로 지어가세
더 밝고 건강한 나날로만
늘 웃으며 즐거운 삶으로
내일을 지어가세.

내소사를 찾아서

백제 때 혜구 스님 창건
그 후로 임란의 전화를 입었지만
우암스님 손길로 옛 모습 찾으시니,

사월도 마지막 날 우리는
모처럼 내리는 봄 단비를 맞으며
아름드리 송림 속을 헤치니,

천년을 하루같이 지켜선
느티나무 정자도 만나고
억조창생 자비로 어루시는
내 님의 손 숨결을 마시는 듯
이 절의 앞뜰에 들어서니,

고색이 창연한 대웅전과
이 산세에 어울린 그 형국이
마치 엄마 품에 안긴 듯
그냥 편한 맘이네.

부소산

부여 한 복판
숲 푸른 뜻으로 앉아 있어
예나 지금 변함은 없는데
그 옛날의 영광과 애환과
수많은 역정들
꼼짝 않고 속으로 색이며
그대로 지켜온 너

이 산에 풀 나무
그 뿌리로 깊은 곳
거기는 무슨 말씀 있을까,
백화정 처마 끝에 스치는 바람이나
고란사 스님네 독경 소리에서
이끼 푸른 말씀이 살아나니,

그때 그 영광의 날들
다시 보고 싶은 우리는
그 푸른 숲에 눈을 준다
언제나 변함없는 산으로
그 옛날의 기상을 되살려
생기 도는 뜻을 세우라고.

가파도와 마라도

한반도 남쪽 끝에
나앉은 제주도 그 남쪽
서귀포 앞 바다로 머문 섬
가파도 멀리 오른 쪽에 떨어져
언제나 어머니의 사랑이 그리워
한없이 출렁이는
저 바다
한 복판에
가물가물 마라도
언젠가 인생의 끝을 보듯
이 생이 진 빚은 지금 당장
미련 없이 '가파도' 좋지만
저 남쪽 끝 섬까지 미쳐
갈 수가 없는 사람은
'마라도' 그만인 걸.

허울로 스쳐가기

만산의 청 홍 록 황
햇빛도 한 아름 씩 안긴
운동장 관중석 사람 머리
콩 자루가 터져 쏟아지듯,

함성과 함께 실어
차창으로 스치는 풍광에
이 하루가 거기 섞이어서
끝없이 지나가고 있다

저 수많은 군중들
콩 자룬 듯 터져 쏟아지면
관중석 빈 의자만 남아
하품을 하고 있다.

그림자 ㄱ

땀국 절은 허울을
방구석 아무데나 던지고
저녁 밥상머리 앉아
허기를 채우고 있었다.

소금으로 절여진
한 술의 육신으로 씹어
후줄근한 일상의 찌꺼기가
젓가락 끝으로 걸리다가
비워지는 그릇 속 저마다
아쉬운 그림자만 채워지고,

그래 내 궂은 삶을
그런대로 버무려 삼키는
한 술의 모진 육신인데
그 위에 떨어지는 것은
내 어깨의 무게, 그 위에
지워진 일상인 걸.

그림자 ㄴ

달빛이 내려앉아
담벼락을 문지르고 있다
유리창 너머로 흔들리는
이마 그 가까이
차가운 빛살이 부딪는데
그 빛살에 얼어붙은 가로수
겨우내 두들겨 맞고서도
곧바르게 제 뼈대를 세우다
바람이 차가운 귀
부리로 소리쳐 우는 가지
안으로 당기면 어머니 그
따스한 가슴이 닿을 듯,

달빛이 내려 앉아
아스팔트 바닥을 문지르는
그 바퀴 밑 열기로 마주쳐
손바닥에 남은 체온으로 나마
이 겨울 언 가슴을 그저
마구 문지르고 싶다.

돌, 바위 목욕하기

그래 바로 그거야
바닷물이 늘 철썩 철썩
돌 바위를 씻어내니 말이야
그래 돌 바위가 목욕 한다.

서로 얼싸안고 부딪치며
서로 닦고 씻고 어루만져 주며
닳고 닳아 지어진 그 조약돌
둥글둥글 구르는 나날에

철이 배인 돌인 걸
그 목욕은 곧 바다가,
끊임없는 사랑의 손길로
물결 보내 지어낸다.

겨울 시내버스

하루 종일 두고
진눈개비 성화에 버스도
지레 녹초가 된 날이다
허겁지겁 달려 보았으나
바로 거기 몇 발자국 앞에서
버스는, 못 본 체 핀잔하듯
사정없이 지나가 버리고
진눈개비 길바닥을
질퍽질퍽 발길도 무겁게
가도 위를 허덕이는 나그네
지나간 버스의 뒤통수만
힐끗 돌아보다 그만
발길을 돌린다.

산하와 인간과

우리의 일상에서
쉽게 느낄 수 없는 것은
우리도 자연 속에 숨 쉬며 산다는
그 평범한 사실이다.

그래서 흔히들
자연을 거역하는 것이야
당연한 제 권리인양
오만해진 것 아닌가.

애초에 산과 강은
하나로 이어진 인과관계랄까
이 자연이 병들면 따라서 병들고
자연이 죽으면 따라서 죽을 수밖에 없는
숙명적 존재임을 참으로 깨닫는다면,

결국 우리의 산과 강은
더 건강하고 융성할 것이며
그것은 곧 우리 인간의 건강이요
참 건강을 약속하는 것이리니,
어찌할까, 또 산하를 본다.

덕유산 기슭에서

덕유산, 이 푸르름
천연의 나무들
산등성에 골짝이로 욱어져
온 몸으로 숨 쉬는데,

산새들은 제각각
제 홍에 겨워서 노래하고
짐승들은 마냥 제 세상을 만나서
푸른 잎에 가슴 대어 뛰놀고,

다람쥐와 만나도
낯 설은 손님이 아니란 듯
힐금 힐끔 쳐다 보며 지나갈 뿐
경계의 뜻을 모른 듯 하고,

이 산의 앞자락에
잔디 길로 닦은 스키장을 끼고
곤도라는 쉼 없이 오르내리는데
언제나 산은 제 푸르름만 세우네.

화롯불

우리네 화롯불
동지섣달 추운 밤이면
도래도래 앉아있는 온정을 키워주고
방안 가득 훈훈한 기운 둘러주고
할머니의 구수한 얘기도 품어주고
추워도 따뜻하게 지내던
옛날, 생각키운다
그래 불씨를 살려본다

그런데 요새 왜 이리도 시리운지
겨울도 아닌데 왜 떨고 있는지
엇나간 계절인가, 가리지 못한다
언제까지 갈 것인지, 차마
손만 종일 비비댈 뿐
화롯불이 그립다
그리움이 더 따뜻하다
그래 화롯불을 피워본다.

남은 길 세우기

이 마당 내 한판을
내 분에 걸맞는 가락으로 돌아가
그냥 참고 넘어가려 했지만
어딘지 모르게 제 잘못에 병이 낫겠지만
위아래로 너무 많이 터지고 돌아보니,
창밖의 까치가 깝신대며 지저귀는 소리도
TV에서 사람들이 춤추고 노래하며 즐기는 모습도
세상 살기 좋아진다고 떠벌리며
무슨 통계숫자들을 내걸고
그리도 호들갑을 떠는데도 지금 나에게는
아무 것도 안겨오지 않는다.
다만 지금 나의 몸,
병세가 원체 억울하게 당해온 처지라
무엇을 어떻게 대처해야 할지,
이 생각에 골몰하다 보니
내 모든 관심사도 밖으로 밀려난 걸.
바로 이걸 나도 어찌할 수 없어
그거 머 조금 더 살려고,
주사 바늘 꽂고 몇 시간씩 눴다가,
그 병상을 짚고 일어나,

몸은 탈진하다 회복되어
다소 가벼워지기는 했지만
거기 따른 마음은 오히려 무겁기만 하니
이 몸을 얼마나 더 세워갈 수 있을지,
그러나 그 사심을 털고 일어나
부질없이 남은 길 재보네. 또 세워보네.

■ 평설

인생을 경작하는 긍정의 힘

– 구상회 시집 『빈 하늘이 푸르다』를 읽고

김용재

시인 · UPLI 한국회장

최근의 일이다. 우연한 초대를 받고 점심식사를 하며 나이 드신 문인들 틈에서 설왕설래 이야기를 나눈 적이 있었다. 총 인원 8명, 나이순으로 따져서 나는 막내였다.

우리들 옛날에는 그렇지 않았는데, 요즘 젊은 문인들 아래위도 없고, 협조심도 없고, 너무 이기적이고…. 이제 별수 없이 우리들끼리 모임을 하나 만들자는 것이었다. 늙은이는 이제 대접은커녕 외면당하기 일쑤이고 자주 만나기는커녕 누가 죽고 죽어가는지도 모르고 지낸다는 것이었다.

결론은 젊은이들에게만 화살을 돌리지 말고 일단은 죽을 때까지 열심히 쓰고 모범을 보이자는 것이었으며, 그래도 모임은 만들자는 것이었다.

가칭 대전원로문학회라고 작명까지 해놓았다. 대상은 본래 70세 이상이었는데 아직 두 살이나 모자란 나를 의식해서였

는지 65세 이상으로 하자는 것이었고 활동력을 고려하지 않고 나이든 맨 윗분이 회장, 맨 아래 나이가 총무를 해야 한다는 말까지 나왔지만 구체적인 것은 결성총회에서 정하기로 했다. 그러나 일정계획도 없이 우연한 모임의 막을 내렸다.

서로의 인생말년을 고백하는 자리와도 같았고 자신의 소외감(feeling of alienation)을 고발하는 자리와도 같았다.

이끌려간다는 느낌과 이끌려가지 않겠다는 생각이 교차되면서 그저 묵묵히 입을 다물고 지냈는데 그 며칠 후 다른 모임에서 구상회 시인을 만났다. 나보다 열다섯 살이나 많은 연세이신데 40년이나 이웃해서 지내다보니 인간사 격식의 간격이 많이도 무너진, 이를테면 허물없이 가까운 사이로 맞이해 주는 분이었다. 그런데 건강이 좋지 않아 지팡이에 의지한 시인의 이야기는 앞에서와 거의 비슷한 인생말년의 고백이나 소외감의 고발 같은 것이었다. 주로 듣는 입장이었지만 결국은 나에게 또 하나의 과제를 던져준 것이었다.

발문 쓰는 일이었다. 몇 차례 업무수행(?)을 했는데도 어쩔 수 없었다. 그러나 웃으면서 하기로 했다. 다만 글을 읽고 합당한 설명을 하고 평가하는 작업이 나로서는 늘 고통스럽다는 이유 때문에 어떤 부탁이든 선뜻 응낙하지 못하고 있었음을 고백하는 바이다.

시인의 작품을 일독했다. 일독으로 끝날 일은 아니었다. 또 읽었다. 인생문제를 짊어지고 뱃사공의 위치에 있다거나 산길을 오른다거나…. 시인의 그런 모습이 떠올랐다. 그러나 그

것은 우리들의 문제이고 우리들의 모습으로 와 닿는 것이었다. 오랜 세월이 흘렀지만 미국의 국민시인으로 존경받는 롱펠로(Henry Wardsworth Longfellow : 1807-1882)의 「인생찬미가」를 떠올려 보았다.

인생은 의미 있는 것! 인생은 진지한 것!
무덤이 마지막은 아니어라
"그대 흙이니 흙으로 돌아가라"는 말은
영혼을 두고 한 말이 아니리라
- 인생찬가 - 제2연

Life is real! Life is earnest!
And the grave is not its goal;
"Dust thou art, to dust returnest,"
Was not spoken of the soul.
- A PSALM OF LIFE - stanza 2

롱펠로가 자신의 모교인 보도인(Bowdoin) 대학교수 겸 사서(司書)로 일하면서 잡지에 에세이와 여행기 등을 기고할 때였다. 독서와 여러 가지 많은 경험을 쌓으며 시인으로서 뿐만 아니라 학자로서 토대를 더 튼튼하게 하고 하버드(Harvard) 대학교수가 되기 위해 두 번째로 유럽여행을 떠난다. 그러나 여행 중 아내가 유산 끝에 사망한다(1835). 아내의 죽음은 젊은 시인에게 인생의 쓰라림을 맛보게 했다.

그러나 1836년부터 시작한 하버드에서의 교수생활은 시와

산문의 집필 등 시인으로서의 매우 활발한 활동을 할 수 있는 계기가 되었다. 1839년 그의 첫 시집 『밤의 목소리』(Voices of the Night)가 출판되었는데 이 시집에 실린 「인생찬미가」는 대표작으로서 그가 사랑한 인생을 찬미했으며 인간으로서의 연민을 노래했다. 후회도 실망도 모두 떨어내고 신념과 용기를 찬미하며 짧은 인생을 긍정적으로, 더 적극적으로 살도록 권고하는 젊은 가슴의 외침이라 할 수 있다. 더불어 흙으로 돌아가는(창세기 3:19) 육체의 덧없음을 영혼의 세계로 일깨우며 연약한 감상에 빠져들지 않으려는 시인의 힘찬 몸부림을 또한 읽을 수 있을 것이다.

今人不見古時月　금인불견고시월
현세 사람은 옛 달을 볼 수 없지만

今月曾經照古人　금월증경조고인
지금 달은 옛 사람을 비추어 왔네

두보(杜甫)와 더불어 중국 성당(盛唐)시대의 시선으로 쌍벽을 이루고 있는 이백(李白:701-762)의 「파주문월(把酒問月)」에 나오는 시구를 보면 인생의 유한성과 달의 무한성이 대비되고 있다. 인생의 수명이 너무도 짧다는 것을 한탄한 말 같지만 생각에 따라서는 술잔 들고 달에게 물어보며 그 영원성을 추구하는 긍정적 희망적 인생관을 읽을 수 있을 것이다. 꽃과 풍월과 주색을 노래하면서 진취적 낭만적 인생을 즐긴 시인의 목소리가 더 정감을 느끼게 한다.

롱펠로나 이백의 시를 놓고 평범한 감상적 흠을 찾는 비평가들이 있겠으나 소박하고 청순한 인생문제의 온축(薀蓄)은 변함없는 국제적 소재이며 영원한 삶의 주제에서 소외되지 않을 것이다.

전제하는 말이 길었다. 그러나 쓸데없이 길게 말한 것은 아니다. 사실은 구상회 시인의 시에 대해서 내가 말하고자 하는 골격을, 앞서간 다른 나라 시인의 시를 빌어 말한 것에 다름 아니다. 이렇게 전제하면서 구상회 시인의 시를 살펴본다.

저 지붕 위로 솟은
너, 외로움 끝으로
햇빛 바랜 오후의 깃발이
바람에 못 이기어
목을 매듯
용트림하면서
구름 한 자락 잡고
석양 빗긴 하늘 저으며
아쉬운 듯 석별을 몸부림친다
그러나, 오늘 하루 마무리는 언어로
저렇게 자랑처럼
펄럭임을 몰고 간다

-「푯대를 세우고」 전문 -

시인은 지금 햇빛 바랜 오후의 깃발을 보고 있다. 깃발은 외로움 끝에 있고 바람에 힘겨워 목을 매듯 용트림하고 있다. 구름 한 자락을 잡고 있으며 석양의 하늘에서 아쉬운 석별을 몸부림치고 있다. 우리들 모두에게 일치되지 않는 환경이 차별을 낳고 있는 것일 수 있지만 시인의 인생환경에 자연환경이 대입된 경우라 볼 수 있다.

그 상황이 외로움이나 슬픔 그 자체로 끝날 수 있는 것이지만 그러나 시인은 전환의 의지를 강력하게 몰고 간다. 외로움이나 슬픔은 다만 하루를 마무르는 언어일 뿐이고 깃발은 오히려 자랑처럼 펄럭임을 몰고 간다. 나이에 굴복하지 않는 인생의 긍정적 사고방식이 시심을 북돋아주고 있다. 베이컨의 말대로 환경은 약한 자를 지배하지만 목적을 달성하는 수단도 된다.

어둠으로 차 있는 밤
하늘 땅을 분간할 수 없다
별들만 깨어나 깜박일 뿐
선악도 미추도 가슴속까지도
모두가 파묻힌 장막이라
땅으론 시간이 기어가고
하늘은 무한공간 그대로
수없는 별들만 싸안고
저리도 밝은 눈을 반짝이며
정녕 나를 내려보고 있다
나는 내 별을 찾다 지쳐서
나도 몰래 잠이 들었다가

이제 겨우 깨어나
뒤늦게 가슴 픈 별을 본다

-「어둠을 깨우는 별」 전문 -

제목만 보아도 어둠과 별의 대치공간이 드러난다.

어둠으로 차 있으니 하늘 땅을 분간할 수 없고 선악도 미추도 장막 속에 가리어져 있다. 땅으로 기어가는 시간의 느낌 속에 무한공간 그대로의 하늘에서 깜박이는 별을 본다. 그러나 시인은 그 수많은 별을 보고자 함이 아니라 수많은 별들 중 나의 별을 찾고자 함이다. 나의 별, 그 별 하나는 나의 연인이요 나의 희망이요 나의 인생이다. 어둠에 굴하지 않는 질긴 용기이며 긍정적 인생을 밝히는 힘으로 인식의 바탕을 설정한 것이다. 그래도 목적 달성이 그렇게 쉬운 일은 아니다. 지쳐서 잠들었다가 다시 깨어나 뒤늦게 찾아낸 것이 가슴 픈 나의 별이며 이 별이 곧 어둠을 깨우는 것이다. 성취의 기쁨을 맛볼 수 있는 시가 될 것이다.

이 세상 살면서
몸 가누기 힘겹거든
계절 따라 피어나는
저 산야의 꽃송이를 보아라
그 곁으로 가까이 가서
눈 여겨 속을 보아라

그들 꽃 이름이 무엇이든

제 나름의 모양새를 뽐내며
저 밝은 빛 피어나는 웃음을
그 누가 미워할 수 있을까

그 어디에 어두운 구석 있는가
그 어디에 찡그린 주름살 있는가
그 어디에 미워한 기색 있는가
그 언제 시기한 적 있는가
그 언제 탐낸 적 있는가
그 언제 성낸 적 있는가

참 고운 것만 보여주는
제 밝은 웃음 피어나
이 마음 여느니
오늘 속가슴 열기
우리의 공부여라

-「속가슴 열기」 전문 -

꽃을 주제로 한 시인의 인생철학이라고 할까, 이 시는 동심과 아우르는 고운 살결의 작품이다. 철학이 곧 삶이요 삶의 방법을 정한 원리 같은 것이라고 한다면 시인의 「속가슴 열기」는 삶을 경영하는 소중한 시적 자산으로 치부해도 좋을 것이다.

우선 이 시는 해설이란 것이 필요하지 않을 만큼 이해하기 쉽고 순수하며 사상체계의 향기를 맡을 수 있다. 교육적 요소의 인식론이 앞에 놓여있음에도 불구하고 꽃이 단순한 자연물이 아니라 시인의 심상적 자극물로 나타나 도취된 낭만적 환각 분위기를 전해주고 있다. 그래서 시인과 자연 사이의 거리가 아주 가깝게 축소되어 있다는 점을 쉽게 알 수 있다. 어디 어두운 구석이나 찡그린 주름살도 없고 미워한 기색이나 시기한 적도 없고 탐낸 적이나 성낸 적도 없는 꽃에게서 시인은 속가슴 열기를 배울 수 있었던 것이고, 그렇다면 우리는 그렇게 노년을 즐기는 밝은 미소의 시인을 연상할 수 있을 것이다.

인생소외가 있었다면 자연열애는 그 소외를 치유할 수 있었고 소외의 치유는 다시 인생열애의 전환적 분위기를 살려낸 것이리라.

「화롯불」을 살펴보자.

우리네 화롯불
동지섣달 추운 밤이면
도래도래 앉아있는 온정을 키워주고
방안 가득 훈훈한 기운 둘러주고
할머니의 구수한 얘기도 품어주고
추워도 따뜻하게 지내던
옛날, 생각키운다
그래 불씨를 살려본다

그런데 요새 왜 이리도 시리운지
겨울도 아닌데 왜 떨고 있는지
엇나간 계절인가, 가리지 못한다
언제까지 갈 것인지, 차마
손만 종일 비비댈 뿐
화롯불이 그립다

그리움이 더 따뜻하다
그래 화롯불을 피워본다
-「화롯불」 전문 -

여신 헤스티아(Hestia)는 화로를 신격화한 의미에서 그 이름이 유래된다. 한 가정의 단란한 중심을 이루는 화로라는 뜻의 그리스말이 곧 헤스티아인 것이다. 헤스티아 여신은 가정의 수호신으로서 안정된 가정생활, 인류문화를 창조하는 원동력, 다른 것을 깨끗이 정화하는 힘을 가지고 있었으며 올림포스의 신들 가운데 전쟁이나 싸움에 끼어들지 않는 신은 헤스티아 여신뿐이었다.

시인의 「화롯불」은 헤스티아 여신의 환상을 불러온다. 그래서 나이든 사람에겐 가장 한국적인 정서, 가장 단단하고 아늑한 한국의 맛을 느끼도록 해준다. 그런데도 불구하고 시인은 지금 시리고 떨리는 엇나간 환경의 뜨락에서 손을 비비고 있다. 화롯불이 더 그립고 그리움이 더 따뜻한 지난날을 회상한다. 군밤도 고구마도 뚝배기도 된장찌개도 저 멀리 체념 속에 갇혀 있는지 모른다. 그러나 시인은 그립고 따뜻한 모든 것들을 체념 속에 묻어두지 않고 재생의 의지력을 불태운다. 1연 끝의 '그래 불씨를 살려본다'와 2연 끝의 '그래 화롯불을 피워본다'는 시구가 이를 증명한다.

헤스티나 여신의 화롯불이 늘 꺼지지 않는 성화로 피어난 것처럼 구상회 시인의 화롯불도 강인한 의지력을 심은 시심의 꽃으로 피어날 것이다.

이제 「남은 길 세우기」를 마지막으로 살펴본다.

이 마당 내 한판을
내 분에 걸맞는 가락으로 돌아가
그냥 참고 넘어가려 했지만
어딘지 모르게 제 잘못에 병이 낫겠지만
위아래로 너무 많이 터지고 돌아보니,
창밖의 까치가 깝신대며 지저귀는 소리도
TV에서 사람들이 춤추고 노래하며 즐기는 모습도
세상 살기 좋아진다고 떠벌리며 무슨 통계숫자들을 내걸고
그리도 호들갑을 떠는데도 지금 나에게는
아무 것도 안겨오지 않는다.
다만 지금 나의 몸, 병세가 원체 억울하게 당해온 처지라
무엇을 어떻게 대처해야 할지, 이 생각에 골몰하다 보니
내 모든 관심사도 밖으로 밀려난 걸.
바로 이걸 나도 어찌할 수 없어
그거 머 조금 더 살려고
주사 바늘 꽂고 몇 시간씩 눴다가, 그 병상을 짚고 일어나,
몸은 탈진하다 회복되어 다소 가벼워지기는 했지만
거기 따른 마음은 오히려 무겁기만 하니
이 몸을 얼마나 더 세워갈 수 있을지,
그러나 그 사심을 털고 일어나
부질없이 남은 길 재보네. 또 세워보네.

-「남은 길 세우기」 전문 -

「남은 길 세우기」는 비교적 긴 호흡의 산문시로 시인의 현

실이며 현실적 환경을 모자이크 한 것이다.

자연 속 새들의 지저귐도, 세상살기 좋다고 호들갑을 떠는 사람들의 이야기도 모두 시인이 반기는 일은 아니다. 현실적으로 시인은 병상에서 생활을 하며 회복과 쾌유의 무거운 소망을 끌어안은 채 무기력을 밟고 일어나기 위하여 안간힘을 쓰고 있다.

시인은 소외감도 어떤 억울함도 모두 쓸어내고, 사심까지 털어내고 세상 속으로 바르게 서 있기를 갈망한다. 부질없는 일일지 모르지만 그러나 인생의 남은 길 헤아려보며 그 길 또 세워보고 있다. 시인이 추구하며 살아온 긍정적 시심의 전통처럼 뜻을 정하고 지어서 그 결과가 효력 있게 퍼지도록 창작의 열정을 불태우고 있다.

그래서 구상회 시인의 대부분의 시는 인생을 경작하는 긍정의 힘으로 작용하고 있다는 것을 알 수 있다.

구름 비운 하늘의 푸르름처럼 쾌차하시고 오래 건필하시길 빈다. 대전문인총연합회, 호서문학회 등 후배들에게도 따뜻한 생각 펴 주시고, 인정으로 자리잡은 그리움 안고 시심 빛나는 나날이시길 빈다. 원로문학회에 기대감 붙이지 않고, 소외감은 멀리 보내시길 빈다. 반 잔밖에 안 남아있는 것이 아니라 아직도 반 잔이나 남아 있는 포도주의 건배를 위하여 더욱 강녕하시길 빈다.